CATALOGUE

DES

TABLEAUX

ET CAMÉE

FORMANT LA COLLECTION DE M. A. BARBET,
Ancien Receveur-Général.

PARIS
IMPRIMERIE MAULDE ET RENOU,
RUE DE RIVOLI, 114.

CATALOGUE

DES

TABLEAUX

ET CAMÉE

FORMANT LA COLLECTION DE M. A. BARBET,
Ancien Receveur-Général.

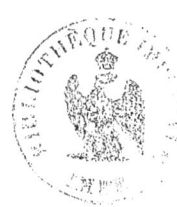

PARIS
IMPRIMERIE MAULDE ET RENOU,
RUE DE RIVOLI, 114.

TABLE DES MATIÈRES.

École Française 5
Écoles Flamande, Allemande et Hollandaise. 7
École Espagnole. 35
École Italienne. 39
Antique, Camée grec. 64

PRÉFACE.

A mon Fils Louis.

Mon cher fils, ce catalogue est fait pour toi. — J'ai vu des amateurs, grands visiteurs de tableaux, qui n'avaient jamais ouvert un livre de l'*Histoire des Peintres*, et j'en ai vu également qui avaient lu tous les livres sans avoir vu un nombre suffisant de bons tableaux pour s'instruire. Cependant, les uns étaient des estimateurs de par la loi, les autres de grands tableaumanes par coterie. Le fait est que ces hommes savaient peu de choses, ce qui les rendait fort tranchants, moyen d'en imposer et de s'imposer. C'est ce que je veux éviter en toi. Il faut beaucoup lire et beaucoup voir, mon cher fils, pour bien juger des maîtres, dont la plupart ont changé jusqu'à quatre fois de manière et de faire.

Ce catalogue, fait pour les quelques tableaux que

possède ton père, offre à ton jeune âge de faciles moyens d'études, en attendant que des forces plus viriles te permettent de consulter tous les auteurs sur la matière, d'entreprendre de pénibles voyages pour voir les travaux des grands maîtres, et même de t'installer au milieu des chefs-d'œuvre que renferme notre Louvre. — Lorsque tu croiras savoir, tu sauras peu encore, mon ami, aussi faut-il te prémunir contre l'orgueil. Sois avare de critique; donne au maître tout ce que ton esprit, tout ce que tes connaissances ne peuvent lui refuser; dispense-toi d'en appeler ou de croire au charlatanisme des certificats d'origine et surtout, lorsque tu affirmeras une copie, ne le fait jamais sans indiquer où se trouve l'original; car la mauvaise foi ou l'ignorance sont souvent les sœurs de ces affirmations. Plus grand, j'élargirai encore pour toi, le cercle de mes observations, comme par exemple, de consulter souvent les estampes, etc.

CATALOGUE
DES TABLEAUX
ET CAMÉE

FORMANT LA COLLECTION DE M. A. BARBET,
Ancien Receveur-Général.

Ecole Française.

LORRAIN (Claude-Gelée, dit le)

Né au Château de Chamagne (Lorraine), en 1600, mort à Rome, en 1682.

1 — *Coucher de Soleil.*

Haut. 0 m. 65 c. Larg. 0 m. 81 c.

Lorrain, élève de Goffreoi, peintre napolitain, avait pour habitude de faire et d'effacer continuellement. Ce maître glaçait tous ses fonds et couvrait l'ouvrage de la veille sans qu'il y parût aucune touche.

On voit, par le coucher du soleil que nous présentons ici, que tout est fondu, tout est d'un accord admirable ; on n'a jamais aussi bien entendu la dégradation des lointains ; puis le calme est parfait.

Lorrain, ne peignait point dans la campagne. Ce peintre passait le jour et la nuit à observer les divers accidents de l'aurore, du lever et du coucher du soleil, comme aussi les temps de pluie, de tonnerre et autres effets de la nature ;

tout étant ainsi bien étudié, il rentrait chez lui confier à la toile tout ce qu'il avait observé.

Lorsque Claude peignait les arbres en grand, on en distinguait chaque espèce. Si c'est un lever de l'aurore, on juge facilement comment la lumière du soleil, paraissant comme élevée pendant deux heures au dessus de l'horizon, perce à travers les nuages, les dissipe, tire des fleuves de la rosée, et s'étend insensiblement dans la campagne avec ménagement, ce qui permet aux herbes et aux arbres de jouir d'une lumière naissante. Si c'est un coucher de soleil, comme les deux tableaux qui enrichissent cette collection, il est rendu par une splendeur rougeâtre sur l'horizon, un air plein de feu qui se répand sur tous les objets d'alentour, avec sécheresse sur les montages, sur la terre et sur les arbres; Claude indique ainsi la grande chaleur du jour. Ce peintre saisissait heureusement tous les effets de la nature avec laquelle il semblait le disputer de vérité.

Les figures de Claude Lorrain, celles faites par lui, sont au dessous du médiocre. Un acheteur lui en fit l'observation : « Monsieur, lui répondit notre artiste, je donne les figures et je vends les paysages. » On reconnaît facilement, que les personnages de ce tableau sont de ce maître.

2 — *Coucher de Soleil.*

Haut. 0 m. 34 c. Larg. 0 m. 41 c.

Ce charmant petit payage nous représente également un coucher du soleil; mais la journée a été pénible; l'astre radieux laisse la nature épuisée, souffrante des feux lancés sur elle, et il est temps pour que la vie se continue, que *Phœbus* fasse place à la nuit.

Écoles Flamande, Allemande et Hollandaise.

---—≪-≫≫—---

BERGHEM (Nicolas ou Claes)

Né à Harlem, en 1624, mort en 1663.

3 — *Paysage orné d'une masure.*

Sur le premier plan une femme lave en regardant une vache qui paraît la fixer avec le même plaisir. Le conducteur du troupeau ne paraît pas rester froid à la scène. Pour contraste l'une des vaches, indifférente à la scène principale, est occupée à atteindre les feuilles d'un arbre. (Panneau.)

Haut. 0 m. 24 c. Larg. 0 m. 28 c.

Berghem étudia sous son père, Van Haerlem; mais, plus heureux un jour, il eut pour maîtres Jean Van Goyen, Nicolas Moyart, Pierre Grebber et enfin Jean-Baptiste Wéeninx, à qui il n'a laissé que la gloire de l'avoir eu pour élève et de travailler quelquefois avec lui.

On sait que Berghem concourut avec Both (Jean), et que le bourgmestre de Dordrecht, ne sachant à qui donner le prix, tant les deux tableaux étaient parfaits, au lieu d'un prix en décerna deux.

Berghem opérait avec une facilité surprenante, et sa manière était excellente. Heureux dans le choix de ses compositions, variées à l'infini, on ne peut également aller plus loin pour la couleur, la touche, l'intelligence de la lumière et les ombres; ce sont partout de grandes masses où les détails n'interrompent point les accords. Il ne n'égligeait rien, un caillou était fini comme les objets les plus intéressants. Avec un touche large et pétillante, il tirait des tons de couleurs dans les masses d'ombres qu'il réflétait, soit par l'eau ou d'autres corps lumineux qui rendent ses tableaux clairs et transparents, quoique bruns en apparence; ses figures et ses animaux sont d'un dessin correct, coloriés et touchés avec une grande finesse. Le petit tableau que cette collection possède, par sa grande pureté, permet d'étudier ce grand maître.

DOW (Gérard)

Né à Leyde, en 1613, mort en 1680.

4 — L'Arracheur de dents.

Haut. 0 m. 41 c. Larg. 0 m. 33 c.

Gérard Dow fut placé, par son père, chez Bartholomé Dolendo, graveur, pour y apprendre à dessiner ; six mois après il entra chez Pierre Kouwhoorn, peintre sur verre, état de son père. Dow, à 15 ans, entra chez Rembrandt (1628).

Trois années d'étude dans cette école suffirent à Dow ; il n'avait plus besoin que d'étudier la nature, le grand maître du véritable artiste.

Il mit en pratique les leçons de Rembrandt sur la couleur et l'intelligence du clair-obscur ; mais il y joignit la patience et la délicatesse du pinceau qui demande le beau fini. Il donnait la préférence aux ouvrages de la jeunesse de Rembrandt, plus soignés que ses derniers tableaux peints avec des épaisseurs de couleurs et une sorte de négligence qui ne furent pas généralement du goût des véritables artistes.

Dow est, sans contredit, un des peintres hollandais qui a le plus fini ses tableaux : tout y est précieux, flou et colorié suivant les tons de la nature. Sa couleur n'est ni tourmentée ni refroidie par le travail ; rien n'y est fatigué :

une touche fraîche, mais pleine d'art, y voile le soin le plus pénible. Ses tableaux conservent autant de vigueur de loin que de près : les sujets, en général, sont pris dans les occupations de la vie privée. Il a souvent représenté plusieurs plans sur une même toile, avec des meubles et des détails qui ont coûté autant que l'essentiel du tableau.

La toile que nous présentons, ici, est riche de détails : le modelé des têtes, la couleur des chairs et l'expression des physionomies sont vraiment inimitables. La préparation des toiles de ce maître produit une espèce de glace dont les petites fentes, multipliées à l'infini et pressées presque les unes contre les autres, facilitent au moins habitué des tableaumanes la connaissance du maître. Ces petites fentes ne se voient souvent qu'à la loupe.

DURER (Albert)

Né à Nuremberg, en 1470, mort en 1528.

5 — *Saint Jérôme dans sa cellule.*

Haut. 1 m. 10 c. Larg. 0 m. 96 c.

Albert Durer, élève de Hupse Martin, peintre et graveur, et de Michel Wolgemut, est le premier Allemand qui ait eu assez de volonté pour réformer le mauvais goût dans sa patrie. Ne se contentant pas d'apprendre à graver et à peindre, il étudia la perspective, l'architecture civile et militaire, sur lesquelles il donna des Traités.

Albert, n'avait pas encore quitté l'école, que quelques ouvrages, livrés au public, le firent connaître à l'empereur Maximilien. Ce monarque s'empressa de le faire venir. Un jour, en dessinant sur une muraille trop élevée, l'Empereur, qui était présent, dit à un gentilhomme de se poser de façon à ce que le peintre pût s'élever plus haut. Le gentilhomme représenta humblement qu'il était prêt à obéir, mais qu'il trouvait cette position trop humiliante ; il ajouta qu'il n'existait pas un meilleur moyen d'avilir la noblesse que de la faire servir de marche-pied. « Ce peintre, répondit l'Empereur, est plus que noble par ses talents ; je puis d'un paysan faire un noble, mais d'un noble je ne ferai jamais un tel artiste. »

On sait l'estime que Raphaël portait à Albert ; elle alla jusqu'à un échange de portraits, de gravures et de dessins entre ces deux grands hommes. Raphaël, grand admirateur de la finesse du burin d'Albert, fit voir les estampes de son ami à son graveur Marc-Antoine, ainsi qu'à Marc de Ravenne. Le premier fit plusieurs tentatives pour imiter notre Allemand, copia même les trente-six morceaux de la Passion, en y mettant la marque et le nom d'Albert Durer. Albert, fâché de se voir si mal copié, fit exprès le voyage de Venise, et porta ses plaintes au Sénat, qui ordonna que sa marque serait effacée, avec défense à tout graveur de copier ses ouvrages. Le grand artiste, à peu près satisfait, sortit de l'Italie, sans en avoir vu rien de plus que Venise.

Albert ne quitta cependant pas Venise sans avoir fréquenté les grands maîtres et vu les admirables travaux du Titien ; aussi, revenu dans sa patrie, quelques-uns de ses tableaux se sentent-ils de ce contact. Le saint Jérôme dans sa cellule, déjà sorti de son burin, fut reporté sur la toile, et, pour la chaleur et le faire, rivalisa avec les ouvrages du grand peintre vénitien. Le tableau, que nous présentons ici, a, faute d'une sérieuse attention, trompé de véritables connaisseurs. La tête du Saint, surtout, fait illusion.

Dans la plupart de ses productions, Albert ne put *entièrement* éviter les défauts des peintres de sa nation, tels que la sécheresse des contours, les expressions sans choix, les draperies boudinées et le manque de dégradation dans les couleurs. En général, on ne trouve dans les ouvrages d'Albert ni la perspective aérienne, ni le costume; mais on ne peut lui refuser beaucoup d'élévation dans le jugement de ses compositions; et le tableau du saint Jérôme prouve une étude de la perspective que l'on ne retrouve pas au même degré dans les tableaux du Titien. Albert finissait avec un soin extrême et cependant jamais artiste n'a plus produit. L'Allemagne, l'Italie et l'Espagne sont riches de ses gravures et de ses tableaux; mais les amateurs, assez heureux pour en posséder, les cèdent difficilement.

DYCK (Antoine-Van)

Né à Anvers, en 1598, mort en 1641.

6 — *La Sainte-Famille* (cuivre).

La Vierge n'est autre que la femme de Rubens, et Jésus, son fils.

Haut. 0 m. 29 c. Larg. 0 m. 25 c.

Dyck, élève de son père, peintre sur verre, fut placé chez Henry Van-Balen, qui avait étudié en Italie sous les plus grands maîtres. Van-Dyck effaça bientôt ses camarades.

Le jeune Dyck brigua l'honneur d'être l'élève de Rubens, qui, prévoyant tout son avenir, s'empressa de le recevoir. Rubens lui confia quelques ébauches d'après ses esquisses et l'élève les termina de manière à les faire passer pour être du maître. Rubens ne fit bientôt que composer et retoucher les tableaux d'un élève de ce génie et de cette distinction.

Le tableau que nous présentons ici, est dans la catégorie des tableaux que nous venons d'indiquer, et aussi est-il fini avec un soin extrême; sa finesse de touche en fait l'une des plus précieuses productions de ces deux grands artistes. A l'Escurial, on retrouve à peu près le même tableau; mais sans les jolies fleurs qui sont à droite, remplacées, nous ne savons pourquoi, par un ignoble panier placé aux pieds de la Vierge. La Vierge est aussi autrement coiffée, et au dessus de sa tête on remarque l'auréole. Les tableaux, où le pinceau de Van-Dyck a passé, ont une grande délicatesse dans les teintes et dans le fondu des couleurs.

On sait l'histoire de Diepenbek, poussé par l'un de ses camarades sur un tableau de Rubens, représentant la Madeleine, dont il effaça le bras, la joue et le menton. Cet accident fut si bien réparé par Van-Dyck, que Rubens, examinant son travail de la veille devant ses élèves, dit : « Voilà un bras et une tête qui ne sont pas ce que j'ai fait hier de moins bien. » Cependant Van-Dyck sortit de la maison de Rubens ; cette brusque détermination est-elle dûe au fait du tableau dont la supercherie aurait été reconnue plus tard, ou la doit-on au sentiment de tendresse que l'élève commençait à ressentir pour la femme de Rubens ?

Van-Dick partit, mais un peu plus tard, après un autre amour, avec le chevalier Nanni, et voyagea par toute l'Italie. Il s'arrêta à Venise. Le Titien et Paul Véronèse furent les maîtres qu'il prit pour modèles. Il étudia particulièrement leurs airs de têtes ; cette pratique, suivie de réflexions judicieuses, le forma dans la manière délicate et facile.

7 — *Sainte Véronique avec la face de Jésus.*

Haut. 1 m. 10. Larg. 0 m. 96 c.

Le travail de cette Véronique sent l'étude de l'Italie. L'air de tête de la Sainte est noble, bien que le type, qui est certes un portrait, soit flamand. Les tons sont aussi plus chauds que dans les précédentes productions de ce maître, et les mains ont cette grande facilité de brosse que l'on ne trouvait alors qu'en Italie. La face du Christ produit un tel effet sur le spectateur, que personne ne peut la considérer longtemps sans saisissement, et l'effet en fut terrible pour un commandant d'artillerie, M. C...., qui, à cette vue, tomba évanoui.

Malheureusement, d'Italie, Van-Dyck apporta un changement dans la préparation de ses toiles qui fit repousser sa couleur au noir.

HEEM (Jean-David de)

Né à Utrecht, en 1600, mort en 1674.

8 — *Un Bouquet de fruits*. (Panneau.)

Haut. 0 m. 35. c. Larg. 0 m. 27 c.

David de Heem fut l'élève de son père, qu'il surpassa.

Les ouvrages de cet artiste furent si recherchés, et portés à un si haut prix, qu'il n'y eut que les princes qui purent y prétendre. C'était le peintre, par excellence, des fruits, des vases, etc.

Le beau fini des ouvrages de Jean-David de Heem ne sent pas le travail ; une touche large et légère termine les formes avec un art surprenant, la nature est embellie, quoique copiée fidèlement ; la vérité, la parfaite imitation, l'intelligence, l'union des couleurs, aussi fraîches que naturelles, entraînent à l'admiration. Quand il a voulu représenter des vases d'or, d'argent, de marbre ou de cristal, il l'a fait à tromper les yeux des connaisseurs ; il distinguait les lumières des corps polis, mats ou transparents jusqu'à éblouir. Il savait empêcher le choc des ombres dures contre des corps lumineux par des corps opposés qui les réfléchissaient ; en sorte qu'il trouvait fréquemment dans son art des ressources qu'il semble que la nature ne donne souvent que par une espèce de hasard.

Le petit bouquet de fruits que nous possédons est une charmante production de ce maître.

HERMAN D'ITALIE (Swanevelt)

Né à Woerden (Hollande), en 1620, mort à Rome, en 1690.

9 — *Un Paysage représentant un lever de soleil accompagné de vapeurs.*

Haut. 0 m. 83 c. Larg. 1 m. 17 c.

On pense qu'Herman eut pour maître Gérard-Dow ; ce qui est plus certain, c'est que, fort jeune, il se rendit à Rome. Il ne se lia jamais avec les jeunes gens de son âge, le travail absorbait tous ses moments. Cette vie farouche lui fit donner le nom d'*Ermite*, et ses talents, celui d'Erman d'Italie.

Swanevelt étant frappé de la beauté et des succès des ouvrages de Claude le Lorrain, le choisit pour maître et devint son élève. Bientôt le maître fut jaloux de l'élève sans amener de rupture.

Herman fut recherché, et vendit cher ses ouvrages. Il ne s'éleva peut-être pas à la perfection du maître pour le paysage ; mais il peignit beaucoup mieux les figures et les animaux.

Notre tableau est l'un des plus précieux que ce maître ait produit ; il indique un savoir-faire auquel nul artiste, même Claude, ne parvint jamais. Il existe un effet de brouillard dans ce tableau, dont la transparence étonne. Au reste, les tableaux de Swanevelt sont fort rares. L'Italie même en possède très-peu aujourd'hui.

LUCAS DE LEYDE (Lucas Dammesz, dit)

Né à Leyde, en 1494, mort en 1533.

10 — *Susanne et les deux Vieillards* (cuivre).

Haut. 0 m. 26 c. Larg. 0 m. 20 c.

A peine Lucas était-il né, qu'on le vit peindre et graver. Il reçut les premiers principes de son père, Hugues Jacobs, qui était, suivant Van Mander, habile peintre; depuis il eut pour maître Cornille Enghelbrechtsen. A neuf ans il composait assez bien pour présenter ses ouvrages au public.

Tous les genres de peintures étaient familiers à Lucas : sur verre, en détrempe et à l'huile; le portrait et le paysage, tout était également bien; mais il étonna les artistes, lorsque, âgé de 12 ans, il peignit en détrempe l'histoire de saint Hubert pour M. Lochorst, qui lui donna pour récompense autant de pièces d'or qu'il avait d'années. A 14 ans, il grava Mahomet ivre qui égorge un religieux, estampe qui porte la date de 1508. Lucas, quoiqu'en dise Vasari, qui classe cet artiste avant Durer, n'a jamais vu l'italie.

Lucas et Albert Durer ont souvent traité les mêmes sujets, et se sont admirés l'un et l'autre. La jalousie ne pouvait atteindre de si grands hommes. Albert fut voir son ami à Leyden, où ils se peignirent sur le même panneau.

Les tableaux de Lucas, sont bien peints et d'une touche

légère quoique finie. Notre tableau possède toutes ces qualités. On voit à quel point l'artiste avait étudié la nature dans le nu de ses figures ; la femme, Suzanne, est délicatement peinte, sa carnation est vraie ; mais, selon l'usage du temps, elle tranche un peu trop avec le fond, surtout du côté de la lumière. L'animation des deux vieillards, dont l'un fait marchander ses services, est d'une vérité saisissante.

MEULEN (Antoine-François-Van-Der)

Né à Bruxelles, en 1634, mort à Paris, aux Gobelins, en 1696.

1 — *La Bataille de Neubourg. Halte de Louis XIV passant la revue de son armée.*

12 — *Id. Episode.*

Haut. 0 m. 80 c. Larg. 1 m. 09 c.

Van-der-Meulen fut confié, par son père, à Pierre Snayers, peintre estimé pour les batailles. Il peignait comme son maître des paysages et des batailles, et il l'égalait avant de sortir de son école. Ses dispositions naturelles, et une étude assidue, fortifièrent sa manière, et on remarque dès ces commencements cette touche facile et légère qui caractérise ses ouvrages.

Quelques tableaux de Van-der-Meulen, portés en France, furent la cause de sa fortune. M. Colbert lui commanda quelques ouvrages que Le Brun jugea dignes d'entrer dans la collection de ce ministre; il lui conseilla même d'attirer le peintre à Paris. Il y fut donc appelé. A son arrivée, il fut logé aux Gobelins, et on lui assigna une pension de 2,000 livres, indépendamment du prix de ses ouvrages. Il accompagna Louis XIV dans toutes ses campagnes, reçut de lui ses ordres, et fut défrayé partout.

Jamais peintre, depuis les siècles d'Alexandre et de César, n'eut plus d'occasion de se distinguer. Van-der-

Meulen laissa à la postérité des copies fidèles des victoires du Roi.

Van-der-Meulen et Le Brun cherchèrent à se surpasser, et le cherchèrent de bonne foi. Ils ne se cachèrent rien de leur art, et le mérite les unit si bien, que Meulen étant veuf, Le Brun lui donna sa nièce en mariage.

Les deux tableaux que nous présentons ici sont remarquables de conservation, et exempts de ce qui est arrivé en général aux couleurs de ce peintre, de repousser au noir. Nous allons en faciliter l'étude.

On peut regarder Van-der-Meulen comme un imitateur exact de la nature; sa couleur est excellente, son paysage, ses lointains et ses ciels, tout est clair et suave, rien n'y est outré. Quoique ses figures soient habillées selon la mode du temps, il les disposa si bien pour la peinture, il les groupa si heureusement, que ses tableaux font toujours un grand effet; son dessin est correct et sa touche spirituelle. On voit ici avec quel art il savait répandre ses lumières à propos et leur opposer avantageusement les ombres. On est surpris des prestiges de cette magie.

NEER (Eglon-Van-Der)

Né à Amsterdam, en 1643, mort à Dusseldorf, en 1703.

13 — *Un Lever de soleil* (panneau).

Haut. 0 m. 36 c. Larg. 0 m. 45 c.

Neer, fils d'Arnoud, bon paysagiste, reçut les premières leçons de son père. Bientôt il voulut peindre la figure, et son père le plaça chez Jacques Van Loo, fort bon peintre, d'Amsterdam, surtout de figures nues. L'élève réussit en tout.

Neer, entendant vanter l'école de France, vint à Paris, il avait alors vingt ans. Ses ouvrages, malgré sa jeunesse, le distinguèrent au point que le comte de Dona, gouverneur d'Orange, l'employa pendant quatre ans. Ce temps fait, il retourna en Hollande, où il se maria. — Il réussit dans tous les genres de peintures et de succès ; il refusa d'aller en Espagne, malgré une pressante invitation du roi. Il fut le maître du chevalier Van der Werf.

Van der Neer fut un homme rare ; il possédait son art au point qu'il en traitait tous les genres avec la même perfection. Ses tableaux d'histoire sont bien composés, ses portraits en grand et en petit bien coloriés, touchés avec esprit et finesse. Nous donnons ici un de ses paysages, page rare, ce maître ayant toujours peint des couchers de soleil.

Par cet ouvrage, on peut voir que les paysages de Neer

se ressentent d'avoir été faits d'après nature : ses plans sont variés, ses arbres ont un feuillé d'une jolie touche et d'une couleur naturelle. Il a enrichi son terrain, c'était sa coutume, de plantes différentes ; il les a finies avec tant de soin, que quelques unes en ont l'air frais, et ne sont point assez d'accord avec le tableau ; mais le travail, séparément pris, en est admirable.

Les tableaux d'Eglon, qu'il ne faut pas confondre avec ceux de son père, sont peu connus en France ; au reste, partout, il ne s'en trouve que dans les riches collections.

POTTER (Paul)

Né à Enkhuissen, en 1625, mort à Amsterdam, en 1654.

14 — *Un Paysage avec des figures, des vaches, etc* (panneau.)

Haut. 0 m. 60 c. Larg. 0 m. 76 c.

Paul Potter, issu de la maison d'Egmont par sa grand'-mère, fut l'élève de son père, Pierre Potter, receveur de la haute et basse Swaluwe.

Le jeune Potter n'eut que son père pour maître, qu'il surpassa dès qu'il eut appris les premiers principes de son art. Ce fut un prodige dont il n'y eut jamais d'exemple; il fut, à 14 ans, un maître habile : Ses ouvrages, même de ce temps-là, prirent place au milieu des œuvres des plus grands artistes.

Potter, pour échapper à l'envie, quitta La Haye, et fut, en 1652, s'établir à Amsterdam. Il travaillait le jour sans relâche et le soir à la chandelle. Il gravait à l'eau-forte, d'après les études dont il s'était servi pour peindre. Les épreuves de ces eaux-fortes sont faites de rien; une pointe badine, pleine de finesse et d'art, les rend aujourd'hui aussi précieuses aux yeux des artistes qu'elles l'étaient de son temps.

Dans ses promenades, Potter portait toujours un petit livre de papier blanc, et dès qu'il apercevait quelque chose qui le frappait, il en faisait un croquis : arbres, plantes, animaux, figures, rien n'échappait à son recueil. Plusieurs de ses livres de dessins et d'études font l'ornement des collections des amateurs.

Potter a fait plusieurs beaux tableaux en grand, mais ses petits sont préférés, et, en ce genre, il est supérieur aux plus grands maîtres de sa nation.

Nous présentons ici une peinture remarquable de cet artiste, où se trouvent déployées la diversité des difficultés dont il aimait à se poser et à triompher. Comment, dans ce charmant tableau, faire ressortir un peu d'eau et un paysage à peine indiqués?— Le peintre répond aussitôt : «En empâtant fortement la robe des vaches. » — Ce tableau a le flou et la couleur de Wouwermans et de Carle Dujardin. La touche du pinceau est fine et moelleuse; les fonds sont agréables et piquants par l'intelligence du clair-obscur.

REMBRANDT (Paul Rembrandt de Gerretz Van-Ryn)

Né entre les villages de Leyerdorp et de Kourkerck, près de Leyde, en 1606, mort à Amsterdam, en 1674.

15 — Rembrandt peint par lui-même (panneau)

Haut. 0 m. 76 c. Larg. 0 m. 60 c.

Rembrandt fut placé à Leyde pour apprendre le latin et réussit peu ; le dessin l'occupait uniquement. Alors son père le mit chez Jacques Vanzwaanenburg, peintre. Ses progrès étonnèrent le maître, et l'élève voulant s'ouvrir une route différente, chercha un nouveau guide ; il entra chez Pierre Lastman, à Amsterdam ; il n'y demeura que six mois, et quelques autres mois chez Jacques Pinas. Les uns prétendent que Pinas fut son premier maître ; et Simon Leewen, dans la description de la ville de Leyde, assure que Georges Schooten a été le maître de Rembrandt.

Rembrandt avait une juste idée de la peinture, il regardait la nature comme étant seule capable de l'instruire. Cet homme, vraiment extraordinaire, ne choisit point d'autre atelier que le moulin de son père. Cependant, vers 1630, il s'établit à Amsterdam.

A cette époque, même jusqu'à quarante ans, qui est celle où fut fait le portrait que cette galerie possède, Rembrandt finissait ses tableaux comme Miéris ; cette manière était aimée et vantée par Gérard Dow.

Van Ryn n'a point été à Venise comme on l'a prétendu ; on a été trompé par des dates et le nom de Venise que ce peintre a mis au bas de quelque unes de ses estampes : c'était afin de les vendre plus cher. Constamment par ce motif sordide, il menaçait de quitter la Hollande.

A voir la touche hardie des ouvrages de ce peintre on est tenté de croire qu'il travaillait promptement ; mais son incertitude constante dans le choix des attitudes et du jet des draperies, résultat du peu d'usage de la connaissance des belles choses, lui faisait perdre le feu de la composition. On l'a vu changer cinq fois la tête d'un portrait.

Rembrandt ébauchait ses portraits avec précision et une fonte de couleur qui lui était particulière ; il revenait sur cette préparation avec des touches de vigueur, et plus tard, lors de sa seconde manière, il chargeait ses lumières d'épaisseurs si considérables, qu'il semblait plutôt avoir voulu modeler que peindre. Ses amis déploraient cet excès d'empâtement. On cite de lui une tête où le nez était presque aussi saillant que celui qu'il copiait d'après nature ; il dit à la personne étonnée et qui s'approchait de la toile pour s'assurer de la vérité de ce qu'elle voyait : « Qu'un tableau n'était pas fait pour être flairé, et que l'odeur de la couleur n'était pas saine. »

Tout ce que Rembrandt a composé est sans noblesse, mais plein d'expression. Ses habillements sont partout les mêmes ; ils ne sont que bizarres et ressemblent à une mascarade. Il n'a pas fait autant de tableaux d'histoire que de portraits, et ceux que nous connaissons sont la plupart aussi ridicules aux yeux des savants qu'il sont admirés par les peintres.

Au reste, si l'on en excepte ses portraits, sa façon de dessiner n'est guère supportable, encore n'en faisait-il bien que les têtes. Celles de femmes sont surtout sans grâce, et quand il a essayé les figures nues, il n'y a apporté aucune correction ; elles sont courtes, les formes outrées ou maigres, les embranchements lourds, les extrémités trop petites ou trop grandes et défectueuses dans les proportions. Pour terminer nous disons : Rembrandt est en même temps un dessinateur médiocre et un peintre qu'on peut égaler aux plus grands maîtres pour la couleur, la touche et le clair-obscur.—Son burin était et est resté inimitable.

RUBENS (Pierre-Paul)

Né à Cologne, en 1577, mort à Anvers, en 1640.

16 — *Allégorie dans laquelle Rubens représente Marie de Médicis, Minerve, l'Abondance sous la figure du messager des Dieux, etc.*

Haut. 1 m. 36 c. Larg. 1 m. 30 c.

Le père de Rubens, Jean Rubens, professeur en droit et échevin de la ville d'Anvers, abandonna son emploi pour se mettre à couvert des calamités de la guerre civile qui ravageait le Brabant. Il se retira dans la ville de Cologne, c'est là que son fils reçut le jour. La première jeunesse de Paul Rubens fut cultivée avec soin, et il répondit à cette éducation par les plus heureuses dispositions. Il s'attacha avec succès aux belles-lettres, et fit des progrès rapides dans la langue latine. Il se préparait ainsi au grand rôle qu'il a joué depuis, soit comme peintre, soit comme diplomate.

Rubens commença par être page chez madame la comtesse de Lalain; son père étant mort, il se retira chez sa mère, et demanda à étudier la peinture. On le plaça d'abord chez Tobie Verhaest, habile paysagiste, et ensuite chez Adam van Oort. Il quitta bientôt ce dernier pour entrer chez Otto Venius, qui était alors le Raphaël flamand. Rubens s'appliqua à imiter la beauté du pinceau de son maître qu'il égala.

Vers l'âge de vingt-trois ans, Rubens se crut en état de voler de ses propres ailes. L'habitude de vivre dans le grand monde lui donna accès chez les princes et Sandrart dit, qu'Albert, archiduc d'Autriche, l'envoya à Vincent de Gonzague, duc de Mantoue, qui le prit à son service en qualité de gentilhomme ; il y resta sept ans occupé à étudier son art d'après les grands maîtres. Le prince le nomma son envoyé à la cour de Philippe roi d'Espagne, avec de magnifiques présents pour le duc de Lerme, le favori. Estimé du roi et de toute la cour, il fit une grande quantité de portraits et de tableaux qui lui valurent des profits considérables.

De retour à Mantoue, le duc l'envoya à Rome pour y copier les principaux tableaux des grands maîtres ; mais Rubens demanda et obtint ensuite la permission de continuer ses études. Les ouvrages du Titien et de Paul Véronèse l'attirèrent à Venise où il resta longtemps ; ce fut dans cette excellente école du coloris qu'il en puisa les règles sûres, dont il ne s'est jamais écarté. Il retourna à Rome, où il fit quelques tableaux d'autel qui prouvèrent aux connaisseurs qu'il avait fortement étudié à Venise.

Rubens quitta Rome et fut à Gênes. L'église des Jésuites fut ornée de ses ouvrages. Il leva le plan des plus beaux édifices, et dessina lui-même les élévations qu'il fit graver.

La maladie de sa mère lui fit quitter l'Italie pour retourner dans sa patrie.

Surchargé d'ouvrage, Rubens prit le parti d'employer ses plus habiles élèves ; il les fit travailler sur ses dessins et retouchait, mais si habilement, qu'il faut être très-grand connaisseur pour ne pas se tromper. Wildens et Wan-Uden pour le paysage ; Sneyders les fruits, les fleurs et les animaux. — Marie de Médicis, en 1620, le choisit pour peintre.

Rubens, choisi par le roi d'Espagne pour traiter de la paix avec l'Angleterre, passa à Londres ; le roi fut si satisfait de lui, qu'après l'avoir créé chevalier en plein parlement, il lui donna l'épée de la cérémonie et un service complet en or.

Bien des auteurs se sont contentés de dire que l'on voit peu de tableaux exclusivement de Rubens et qu'il ne faisait que retoucher ses élèves : c'est une grande erreur ; les tableaux de ses élèves retouchés par lui sont aisés à reconnaître : on n'y trouve pas les transparences dont ce grand maître tirait si bien parti, et dont notre tableau présente un si précieux exemple ; ceux qui sont de Van Dyck embarrassent plus, mais il est cependant facile de les reconnaître. La touche de Van Dyck est plus tendre ; elle n'est ni si facile ni si large que celle de son maître. Il semble que dans les tableaux de Rubens les masses privées de la lumière ne soient presque point chargées de couleur ; c'était une des critiques de ses ennemis. — Qu'on étudie notre tableau.

Tout n'est d'abord que l'apparence d'un glacis ; mais bien que Rubens tire souvent des tons de l'impression de la toile, elle est cependant entièrement couverte de couleur. Van-Dyck n'eut jamais fait ainsi la tête de Médicis, ni même l'attache de l'épine du dos au bassin ; ni le zéphyre qui saisit un papillon, ni l'homme ivre qui roule sur le sol.

TÉNIERS (David le jeune)

Né à Anvers, en 1610, mort à Bruxelles, en 1690.

17 — Le Joueur de hautbois.

Haut. 0 m. 53 c. Larg. 0 m. 45 c.

David Teniers, surnommé le jeune, pour le distinguer de son père, l'élève de Rubens, reçut des leçons de son père et depuis d'Adrien Brauwer, Elsheimer, etc.

C'est à ce peintre que l'on peut appliquer ces paroles de Virgile : « *In tenui labore at tenuis non gloria.* (1) »

Le contraste d'un joueur de hautbois absorbé par l'étude, à côté d'une réunion bruyante de buveurs dont il semble ignorer la présence, offre une observation profonde de la vie humaine. Cette peinture n'est pas encore du temps ou Teniers faisait trop cendré.

On doit regarder Teniers comme l'inventeur de sa manière, non seulement parce qu'il a surpassé les autres maîtres, mais parce qu'il a su se transformer sous mille formes différentes. On a de la peine à reconnaître ce peintre quand il a copié le Bassan, le Tintoret, et surtout Rubens.

On reproche à Teniers que ses figures sont trop courtes; nous ne croyons pas, en regardant la tête du joueur de hautbois, à la justice de ce reproche, ayant égard à la classe d'hommes qu'il entendait représenter et qui joignent pour la plupart des figures maussades à un habillement qui l'est encore davantage.

(1) Il acquit une grande gloire dans un petit genre.

18 — *Le Cabaret (cuivre)*.

Haut. 0 m. 25 c. Larg. 0 m. 36 c.

Le *Cabaret* est du bon temps du maître, de ce temps où il fut ramené par Rubens à sa première manière, la bonne.

Cet ouvrage présente une grande légèreté de couleur; les fonds sont faits de peu, tout y est clair : on voit tout, jusque dans les endroits privés de lumière. Les reflets sont saisis si à propos, que les formes se trouvent terminées avec quelques touches qui tiennent lieu de beaucoup d'ouvrage; ses figures ont une précision dans leurs expressions qui fixe l'attention et qui masque la finesse de la touche.

Téniers peignait d'abord tout d'une pâte, toujours après avoir placé les différents tons à leur place; alors il chargeait les lumières et ensuite il décidait et fouillait dans les ombres.

Le ciel de notre tableau est pétillant et touché avec légéreté : tout y paraît fait d'après nature : l'harmonie qu'on admire dans cette charmante composition provient encore, en partie, de ce que le peintre évitait avec soin les couleurs entières.

WIT (Jacques de).

Né à Amsterdam, en 1695, mort en

19 — *Les Muses.*

Haut. 1 m. 17 c. Larg. 0 m. 97 c.

Jacques de Wit eut pour maître Albert Spiers, et son oncle le fit étudier plus tard sous Jacques Van Hal, peintre d'histoire. Jacques de Wit fut le meilleur peintre d'histoire de la Hollande, dans le XVIIe siècle.

Wit n'a pas vu Rome; il y suppléait par la belle collection qu'il avait amassée des dessins et des estampes des maîtres d'Italie, des bas-reliefs, des figures de ronde-bosse, et par la nature qu'il consultait toujours.

A peine fut-il installé à Amsterdam, en 1715, qu'il fut accablé de portraits; mais son génie ne pouvait se borner à ce genre, trop dépendant du caprice, de l'amour-propre et de l'ignorance, et comme il aimait à répandre dans ses ouvrages tout le goût de son esprit et toute la vérité de son âme, il dédaigna la contrainte du portrait malgré les éloges dont il fut comblé, et se livra tout entier à l'histoire.

On voit, par le tableau que nous offrons ici, à quel point Wit entendait la perspective et la distribution des lumières. Son pinceau est facile, et sa touche également brillante; un meilleur goût de dessin aurait rendu cet artiste encore plus célèbre; le talent dans lequel il n'a pas été surpassé est son imitation des bas-reliefs en pierre, marbre, plâtre, bois, terre-cuite, etc.— Il est bien difficile de se procurer aujourd'hui des tableaux ou autres productions de ce maître.

INCONNU

GRAVÉ PAR HENRI GOLTZIUS.

20. — *Six tableaux de la Passion* (Panneau peint des deux côtés).

Haut. 1 m. 12 c. Larg. 1 m. 17 c.

Goltzius, en gravant ces admirables planches, s'est abstenu de donner le nom du peintre. Cette peinture est à la colle. Les connaisseurs, en examinant la planche de l'Ascension, les deux côtés sont purs de toute restauration, n'hésitent pas à reconnaître Jean Van Eyck. Pour nous, nous nous abstenons, ne nous prononçant que sur des données plus certaines.

École Espagnole

ÉCOLE DE SÉVILLE, FLAMENCO-ESPAGNOLE.

MURILLO (Esteban)

Né à Séville, en 1618, mort en 1682.

21 — *Louis de Gonzague déposant sa couronne.*

Haut. 0 m. 47 c. Larg. 0 m. 36 c.

Murillo, élève de Jean del Castillo, son parent, est le chef de l'école flamenco-espagnole. Prince de l'école de Séville, il est reconnu pour le plus grand des coloristes de l'Espagne.

Sa première manière est suave, mais trop étudiée. Murillo, à 24 ans, étudia le style de Moya qui rapportait de ses voyages la palette de Van Dyck, son maître. Cependant on ne lui assigne une seconde manière qu'après un séjour de trois ans tant à Madrid qu'à l'Escurial. Ses tableaux, dès lors, accusent l'étude de trois maîtres : Ribera, Van Dyck, et Velasquez. Murillo changea de style pour en avoir un a lui. De timide, il devint vigoureux, chaud, rempli de franchise, et pourtant tellement suave que ce style lui valut le titre de prince des coloristes (1655).

Le genre de Murillo se compose d'une suavité sans mélange, qui le classe parmi les plus grands naturalistes. Il se distingue par un accord général dans les teintes, par des contours savamment conduits et plus sciemment perdus; par des jours heureusement ménagés, par des situations simples rendues avec décorum, par des profils charmants, par des draperies largement arrondies, par le lumineux répandu dans la composition et surtout par un coloris qui n'a point d'imitateur. Ce qui est particulier à Murillo, c'est que toutes les qualités qu'il déploie dans ses grandes compositions se retrouvent dans ses petits tableaux.

Le *Gonzague,* que nous présentons ici, renferme toutes les précieuses qualités de ce grand maître qui a fini son œuvre avec le plus grand soin. C'est la perfection du dessin de Lesueur, la finesse de sa pâte, plus la chaleur du coloris. Le prêtre qui observe Gonzague, est un chef-d'œuvre de sentiment et de perspective. La figure et la tenue de ce prêtre expliquent tout.

22 — *L'Éducation de Jésus* (cuivre).

Haut. 0 m. 13 c. Larg. 0 m. 10 c.

Ce charmant petit tableau, moins fini que le précédent, est d'une suavité sans mélange qui explique la grande réputation du maître. Que d'âme dans la Vierge, que d'attention de la part du fils ! C'est la nature, la bonne, prise sur le fait.

ÉCOLE DE MADRID, GALLO-ESPAGNOLE.

VELASQUEZ (Jacques-Rodriguez de Silvia)

Né à Séville, en 1559, mort en 1660.

23 — *Elisabeth de Bourbon, femme de Philippe IV.*

Haut. 1 m. 18 c. Larg. 0 m. 95 c.

Velasquez fut l'élève d'Herrera le Vieux et surtout de F. Pacheco qu'il préféra au premier et qu'il abandonna également, entraîné par les ouvrages de Louis Tristan de Tolède, dont l'harmonie des teintes, la vivacité des conceptions, étaient en rapport avec sa manière de voir et de sentir. Mais un homme de cette trempe voulait étudier l'Italie, et, plus résolu que Murillo, il la vit. Pendant une année entière il dessina et copia les grands maîtres à Venise, à Notre-Dame de Lorette, à Bologne, et, arrivé à Rome, le pape Urbain III le logea au Vatican. On lui remit les clefs de plusieurs pièces, pour le mettre à même de travailler avec plus de liberté : mais bientôt Velasquez pensa que le palais de Médicis, orné d'antiques, remplirait mieux ses idées ; le comte de Monterey lui facilita les moyens de se rendre à Florence et de s'y établir.

Mais si Velasquez oubliait Madrid et son roi, Philippe IV ne l'oubliait pas, et il reçut l'ordre d'y revenir. A Madrid, il trouva Rubens et se lia avec lui (1628). Il eut le bonheur de faire un second voyage, en Italie, en 1684, où il resta encore une année, au grand déplaisir du maître.

Personne n'a égalé Velasquez comme naturaliste; le Titien même le cède à l'éclat de son pinceau, et surtout à l'art inimitable qu'il apportait à l'interposition de l'air, sans confondre les distances. On sait que ce peintre se servait souvent de la chambre obscure qui permet, par une espèce de magie, de mener le spectateur de surprise en surprise; Velasquez parvenait ainsi à rendre naturelles la lumière et les ombres des premiers plans, pour arriver à leur dégradation précise pour chaque distance. Il détachait miraculeusement les couleurs locales, sans rien ôter à l'harmonie; arrivant ainsi au véritable coloris des chairs, l'ondulation des cheveux et à la transparence des ciels. Personne n'a mieux fouillé les draperies et rendu les accessoires. Il a été également inimitable pour placer les figures de manière à produire l'effet qui leur est relatif, sans aucun secours étranger. Le portrait d'Élisabeth de Bourbon, que nous donnons ici, reproduit par lui plusieurs fois, est un merveilleux exemple de ce que nous venons de dire. La manière d'attacher la lumière, la facilité du faire des mains, le costume, tout y est digne de ce grand artiste.

Ecole Italienne.

ÉCOLE DE PARME.

CORRÈGE (Ant° Allegri).

Né dans le Modénois, en 1494, mort en 1534.

24 — *Vénus Anadyomène.*

Portrait de la maîtresse du duc de Ferrare, également donné par le Titien dans une allégorie toute semblable ; cependant, dans ce dernier tableau, les trois colombes n'existent pas.

Haut. 1 m. 28 c. Larg. 0 m. 97 c.

Dans le tableau du Corrège, la tête de Vénus est ce qui fixe le moins l'attention du véritable connaisseur (1). La beauté humaine ne lui va pas. Corrège, forcé de s'astreindre à donner une ressemblance, en un mot à copier, dessine et cesse d'être lui. Aussi, Allégri semble-t-il, dans tout ce qui n'est pas la figure, avoir voulu se venger de cette contrainte en se surpassant dans tout ce qui était livré à la suavité de son pinceau, à son génie !

Cependant, à l'égard des visages, il faut le dire, Allé-

---

(1) Il en est de même du tableau du Titien.

gri s'abstenait rigoureusement de l'idéal. Il prenait ses types dans sa nation qui les produit fort arrondis, très-coloriés et remarquables par leur hilarité. — Peu de visages qui ne soient représentés par Corrège de bas en haut ou de haut en bas.

Dans ce tableau, on peut étudier avec quel soin Antonio évitait la ligne droite et les angles. Il présente une continuelle ondulation de lignes, tantôt convexes et tantôt concaves. N'est-ce pas là le secret de la grâce qu'il savait donner à la tête, au corps, aux bras et aux mains?

Personne n'a surpassé le Corrège pour le clair-obscur, et sa suprématie, comme on peut s'en convaincre dans ce tableau, réside particulièrement dans l'intelligence des lumières et des ombres. Il reproduit si finement dans chaque ombre le reflet de la couleur voisine, que, malgré l'usage si répété des ombres, il ne paraît jamais monotone. Qui donc put imiter le Corrège dans des effets de couleurs semblables à l'iris?

Pour l'empâtement des couleurs, Allégri se rapproche de Giorgione, et de Titien pour le ton; à l'égard de la dégradation, Mengs le juge plus habile. — Son coloris renferme un luisant qu'il est rare de trouver chez les autres peintres et qui offre l'illusion du miroir; cette particularité rend toute copie impossible. Le soir, cette peinture, prend une nouvelle vigueur et semble, comme le phosphore, triompher de l'obscurité de la nuit.

Ce qui rend ce maître inimitable et surtout impossible à reproduire, c'est la richesse des tons blonds et argentins répandus dans ses chairs et le velouté de ses contours. L'air a si bien fait l'office du pinceau pour fixer les lignes de cette Vénus que de près, indécises, on est saisi d'étonnement à chaque pas fait pour s'en éloigner; rien n'égale, la sculpture exceptée, la puissance et la fermeté que prennent ces lignes. Ce n'est plus une peinture, c'est Vénus venant sur la terre pour la peupler ; trois colombes la reçoivent. On peut juger par ce qu'exprime chacune de ces trois colombes, si Corrège savait peindre l'effet des passions.

Cette magnifique peinture, si on l'observe de bien près, surtout le bras gauche, où un fer trop chaud semble se faire sentir, a dû être enlevée d'un panneau.

25 — *La Vision de saint Jérôme*

De jeunes beautés, aux formes séduisantes, par des danses lascives, cherchent à troubler les sérieuses méditations du saint. Les amours poursuivent le lion qui se dérobe à leurs caresses.

Haut. 0 m. 62 c. Larg. 0 m. 52 c.

Ce tableau nous donne l'occasion de parler des draperies et du dessin de l'école de Parme. On sait que le Corrège est le premier qui ait fait entrer dans l'idée générale de la composition le choix des étoffes. — Pour la partie du dessin, cette école laissa à désirer.

26 — *Madeleine presse le Christ contre son sein.*

Haut. 0 m. 70 c. Larg. 0 m. 63 c.

Corrège posséda le talent de l'expression, et peut-être est-il sans rival dans la peinture pour les sujets tendres. On en peut juger par cette Madeleine ; elle ne le cède en rien à cet autre tableau du même maître, représentant

Madeleine s'inclinant pour baiser les pieds de Jésus.

L'état de ce tableau offre de petites crevasses profondes, ce fait s'est produit également dans la Vénus; on doit l'attribuer à la couche de plâtre qu'Allégri mettait sur ses toiles. Toutes ses peintures ont été exécutées ou sur cuivre, ou sur bois, ou sur des toiles parfaitement choisies.

Mings, Carrache, etc., conviennent que les œuvres du Corrège, remarquables par la force de l'empâtement, ont été exécutées avec une véritable profusion d'outremer, de laque et de vert de la plus grande beauté. Plusieurs fois retouchées et perfectionnées, la main d'Allégri ne les abandonnait jamais sans les finir.

ÉCOLE FLORENTINE.

DOLCI (Carlo)

Né à Florence, en 1616, mort en 1686.

27 — *La Fuite en Egypte.*

C'est bien là la véritable mère s'absorbant dans son enfant. L'Enfant divin sourit à Joseph qui lui cueille des fruits.

Haut. 1 m. 17 c. Larg. 0 m. 97 c.

Le Dolci était à l'école Florentine ce que le *Sasso-Ferrato* était à l'école romaine. Seuls, ces deux grands artistes ont eu le secret de créer des Madones. Carlo est moins vanté pour la beauté de ses physionomies que pour le soin exquis qu'il apportait à finir jusqu'aux moindres détails, et pour l'expression vraie et touchante des sentiments produits par la piété. On reconnaît en lui la méthode de *Rosselli*, mais perfectionnée, mais embellie. Sa peinture, comme ton, comme douce harmonie, fait songer à la belle porcelaine de Sèvres.

ÉCOLE BOLONAISE.

DOMINIQUIN (Dominico Zampieri)

Né à Bologne, en 1581, mort en 1646.

28 — *Jahel tuant Sisara, général ennemi.*

Haut. 1 m. 57 c. Larg. 2 m. 61 c.

Le Poussin a écrit que le Dominiquin était le premier des peintres après Raphaël. Le Passari en a porté à peu près le même jugement, et c'est de l'une des pages de ce grand maître que nous avons à nous occuper ici.

Jahel, soutenue par la foi, reste souriante au crime qu'elle accomplit, et l'étranger confiant dans l'acte de l'eau versée par l'hospitalité (1), passe de la vie à la mort dans son sommeil ; sa figure reste digne et forte, lorsque ses mains expriment les convulsions d'une horrible douleur. Dans le lointain des cavaliers qui combattent en fuyant, expliquent toute l'importance de l'action de la jeune fille ; la ville se vide de ses ennemis.

La manière de peindre du Dominiquin a toujours quelque chose de dramatique. Il embellit presque toujours le lieu de la scène de quelque beau monument d'architecture, qui sert à donner à la composition une distribution neuve et grandiose, à la manière de Paolo. Les personnages sont

(1) Pour atténuer le crime, l'histoire religieuse dit : « Que Jahel lui versa du lait au lieu d'eau. »

constamment choisis dans la plus belle nature, souvent au nez camus; il est impossible de trouver des draperies plus variées, une coiffure de femme plus légère, imitée souvent par le Guerchin. Ce qui produit l'étonnement dans ce tableau, c'est que chaque personnage est dans son rôle. On n'a pas besoin d'un interprète pour expliquer ce qu'ils disent ou ce qu'ils sentent. Ici, comme dans tous les tableaux de ce maître, la lumière, qui est répandue dans tout l'espace du tableau, dispose favorablement l'amateur; la lumière est plus prononcée sur Jahel, afin qu'elle soit la première à attirer les yeux et à fixer l'intérêt. Le peintre a mis une coquetterie extrême dans l'attache de la jambe au pied que Jahel tient levé. Le second pose solidement sur le terrain. Comme le Corrège, Dominiquin se corrigeait souvent.

ÉCOLE VÉNITIENNE.

GIORGION (Barbarelli)

Né à Castel-Franco, en 1477, mort en 1511.

29 — *La Moisson.* (Signé F. G.).

Haut. 1 m. 58 c. Larg. 2 m. 09 c.

30 — *La Vendange.* (Signé F. G.).

Haut. 1 m. 58 c. Larg. 2 m. 09 c.

Nul peintre, avant Barbarelli, n'avait possédé un maniement de pinceau si ferme de touche et aussi résolu ; nul n'avait comme lui l'art de produire de l'effet à une certaine distance.

Ces deux tableaux sont de la première manière du maître, il ne dore pas ses chairs. Encore sous la main de Bellini, Giorgion agrandit la manière, trace des contours plus larges, des raccourcis plus neufs, des traits de visage plus animés ; il trouve des mouvements plus heureux, en choisissant mieux ses draperies et les autres accessoires. Sous la main de Giorgion, le passage de l'une à l'autre teinte devient naturel et doux, même d'un effet beaucoup plus prononcé.

La manière de Giorgion est plus ouverte que celle de Léonard, ami des ombres ; ses demi-teintes ne paraissent jamais grises ni plombées ; elles sont exemptes de ces nuances orangées, grisâtres et bleuâtres, que l'on introduisit par la suite au grand préjudice du naturel. On peut observer que les figures de Giorgion paraissent plutôt robustes que belles, manière d'envisager et d'apprécier le type.

La *Moisson* et la *Vendange*, par la manière de faire, traitées comme on traite une décoration, décèlent l'homme jeune à qui la nature avait donné une élévation peu commune aussi bien dans l'esprit que dans la taille. Dans ces deux compositions, quel mouvement, quel entrain, quelle joie! Certes ce n'était pas la société du xve siècle que le peintre entendait représenter : son imagination poétique, errait alors au milieu de cette Grèce primitive, sortant des privations et des ténèbres de l'ignorance, pour s'élancer pleine de vie et de bonheur vers la civilisation. Elle célèbre ici la conquête du grain qui entretient la force, et la conquête de la grappe qui déride le front et entraîne à la joie.

31 — *Suzanne et les deux Vieillards.*

Haut. 1 m. 52 c. Larg. 1 m. 20 c.

Nous voyons dans cette peinture la seconde et dernière manière du peintre. Là il se confond, pour le ton, avec la seconde manière du Titien qui la tenait de lui. On peut juger ici du fort empâtement de ses couleurs et de la fermeté de son pinceau.

Les figures sont admirables d'expression ; les airs de tête sont hors de toutes critiques aussi bien que les costumes et les cheveux, etc. Pour la fraîcheur de la carnation, bien qu'il emploie des teintes un peu vives, un peu montées de ton, il ne reste pas moins l'unique au milieu de mille imitateurs. La main du vieillard qui s'ouvre sur le bras de la femme, au moment où celle-ci lui tire la barbe, accuse plus d'un genre d'études de la part du peintre.

ÉCOLE FLORENTINE.

GIOTTO (DI BONDONE DI VESPIGNANO)

Né dans les environs de Florence, en 1276, mort en 1336.

32 — *Trois actions d'une même histoire.* — *L'Adoration, l'Annociation aux Bergers et l'Arrivée des Mages* (panneau italien).

Haut. 0 m. 90 c. Larg. 0 m. 57 c.

Les productions de Giotto, les moins grandes, sont celles qui plaisent le plus. Le tableau que nous présentons ici est un des plus riches et des mieux conservés que nous connaissions. Les figures de Joseph et de Marie peuvent être comparées aux miniatures les plus gracieuses et les plus finies. Il en est de même des anges et des chérubins qui couronnent le tableau. Joseph et la Vierge tiennent un peu de la statuette, et nous ne sommes pas encore à Giotto, à l'époque de la peinture à l'huile.

Le maître se remarque encore par l'emploi du rouge, du bleu, du jaune, etc., ses plans obliques, et le soin qu'il prend de cacher les pieds au moyen de longues robes à plis réguliers.

L'élève de Cimabué donna aux formes plus de symétrie, au dessin plus de douceur, au coloris plus d'harmonie. Ces mains raides, ces pieds en pointe, ces yeux effarés, qui tenaient encore du goût et de la manière des Grecs, tout devint plus vrai sous son pinceau et se rapprocha de la nature. Si l'on observe les mains de la Vierge et de Joseph, on reste convaincu, à leur perfection relative, que ce tableau appartient à la bonne époque du peintre.

ÉCOLE BOLONAISE.

GUIDE (Guido Reni)

Né à Bologne, en 1575, mort en 1642.

33 — *Mort de Cléopâtre.*

Haut. 0 m. 93 c. Larg. 0 m. 73 c.

La morsure est mortelle et la raideur du corps l'indique suffisamment.

Guido étudia Alberto Durero, les Carraches, les formes de Cesi ; il s'appliqua, comme le Passeri, au relief et à la représentation exacte du jeu des muscles, si admirable dans la tête de sa Cléopâtre; il essaya même d'imiter Caravage. Le style auquel il s'arrêta, enfin, vint d'une réflexion qu'Annibal fit un jour sur celui de Caravaggio : qu'il faudrait pouvoir opposer à la manière de ce maître une manière absolument contraire ; adopter à la place de cette lumière pâle et incertaine une lumière ouverte et éclatante, opposer la douceur à la rudesse de Polydore ; substituer à ses contours vagues des lignes fortement prononcées ; changer ses formes communes et ignobles, en d'autres plus belles et mieux choisies. Profitant du conseil, Guido eut pour but la douceur : il la chercha dans le dessin, dans la touche du pinceau, dans le coloris, et il commença dès lors à faire un grand usage du blanc de céruse, qui rend les teintes durables, mais qui les fait tourner au vert. — Le directeur du Musée français a fait disparaître cette couleur verte; le pouvait-il sans sacrifier les demi-teintes? Notre *Cléopâtre* est de la bonne époque du maître, celle où il était artiste et point marchand.

ÉCOLE ROMAINE.

JULES ROMAIN (Guippi Pioli)

Né à Rome, en 1492, mort en 1546.

34 — *Les Enfants dans les Limbes (scène du Dante)*.

Le Dante, Virgile et Homère, assistent aux jeux de ces malheureux enfants ; les uns dansent, portant des yeux suppliants vers le ciel, les autres, sur des prés émaillés de fleurs, entretiennent un grand feu sans pouvoir se réchauffer.

Haut. 0 m. 82 c. Larg. 0 m. 97 c.

Nous avons ici sous les yeux une page fort rare de Jules Romain, qui, on le sait, laissa peu de tableaux de chevalet. On voit par cette toile, que Pippi suivit plutôt les traces de Raphaël, son maître, dans son caractère de force que dans sa manière délicate. Le reproche qui lui est fait d'avoir toujours reproduit des physionomies tristes ne peut donner lieu à la critique dans cette composition, et à l'égard de ses demi-teintes trop noires, elles conviennent également au sujet, qui est lui-même peu gai. Nicolas Poussin approuvait cette dureté de teinte pour rendre l'horreur d'un combat. On pourra juger par ce petit chef-d'œuvre, à quel point Jules Romain était habile dans le modelé, les plans, et la perspective. Grand dessinateur, et véritable émule du Buonarotti, il se rend maître de la structure du corps humain, la reproduit et la dispose à son gré, sans aucune espèce de faute, si ce n'est que parfois il excède la mesure des mouvements, par amour pour le vrai.

ÉCOLE FLORENTINE.

LÉONARD DE VINCI (Léonardo da Vinci)

Né à Vinci, en 1452, mort en 1519.

35 — *Guérison de Tobie. Second sujet, Ascension de l'Ange* (panneau italien).

Haut. 0 m. 99 c. Larg. 1 m. 32 c.

Léonard apprit l'art de peindre de *Verrocchio*, et bien qu'il ait distancé de beaucoup son maître, il conserva pendant toute sa vie les traces des premiers principes qu'il en avait reçus. Le Vinci, comme le Verrocchio, dessina beaucoup mieux qu'il ne peignit.

Léonard suivit deux manières et même trois, dont la dernière peut être appelée romaine : l'une chargée d'ombres qui font admirablement ressortir la lumière mise en opposition ; l'autre plus ménagée dans ses effets, et adoucie par l'emploi des demi-teintes, et la troisième tout à fait dans le genre de Raphael.

Il graduait peu à peu jusqu'à l'extrême, les passions et les mouvements de ses personnages. Il observa les mêmes progressions à l'égard de la grâce, dont il fut également le premier interprète ; les peintres qui l'avaient précédé n'avaient jamais pu la distinguer de la beauté elle-même.

Le tableau de la guérison de Tobie appartient à la troisième manière. Les têtes du Vinci sont toujours riantes et les coiffures à peu près uniformes.

Comme le Masaccio, maître qu'il étudia avec soin, ainsi que le firent tous les grands peintres de cette époque, les plis des draperies du Vinci sont faits en petits plis, dans tout ce qui est supérieur aux hanches. Par exemple, pour vérifier notre observation, il suffit de rapprocher le bras de la femme qui va recevoir le fiel du poisson que le jeune Tobie apporte à son père du bras de la Vierge, qui se trouve dans le Massaccio, que possède cette galerie, pour rester convaincu que le Vinci a copié servilement cette même étoffe, en lui conservant à peu près sa couleur.

Quelques tableaux de Léonard sont marqués de son chiffre, composé d'un D entrelacé d'une L et d'un V; dans celui dont nous nous occupons, le D s'aperçoit encore. Au reste, le peintre n'a pas permis le doute à cet égard; il a mis sa tête sur les épaules de Tobie, portant entre le sourcil droit et le nez, ce pli accentué qu'on lui connaît. On retrouve ici la perfection des têtes du Vinci, poussée jusqu'à l'imitation du brillant des yeux; ses draperies, la tenue statuettte de ses personnages, la perfection des mains, sa pâte, sa couleur, jusqu'au soin qu'il apportait à la naissance des cheveux. Les deux têtes d'enfant, à gauche du tableau, ont le cerveau largement encaissé avec prééminence dans le front, comme lui seul, entre tous les maîtres, a su représenter cette partie importante de l'homme.

ÉCOLE FLORENTINE.

MASACCIO (Maso di san Giovanni)

Né à San Giovanni en 1401, mort en 1443.

36 — *La Sainte Famille* (panneau italien).

Haut. 0 m. 98 c. Larg. 0 m 83 c.

Maso fut, selon Mengs, au premier rang parmi ceux qui tracèrent à l'art une route nouvelle, et le Vasari écrit « que tout ce qui a été fait avant lui est peint; mais que tout ce qu'il a fait est vrai et animé comme la nature même. »

La préparation de la peinture que nous offrons, commence par un panneau sur lequel un produit végétal a été étendu et fixé, en le couvrant lui-même d'une couche de plâtre.

Rien de plus puissant que ces têtes; de telles natures peuvent produire et commander. On reconnaît là le roi de la création, et l'on s'explique le pourquoi de Michel-Ange, s'enfermant à *del Carmine* huit jours entiers pour étudier ce grand maître. Le génie comprend le génie et se l'assimile. Perrugin, Michel-Ange, Raphaël, etc., ont reproduit toutes ces têtes; Raphaël a copié l'Enfant-Jésus dans un tableau qui est à Vienne. La tête de saint Joseph est devenue, pour ainsi dire, la propriété de Rubens. Dans ce tableau, les figures posent bien d'aplomb, et les airs des têtes, d'une grâce parfaite, ont été très-bien saisis par Raphaël, moins la puissance. L'expression et la couleur en sont si vraies que les âmes s'y trouvent admirablement dépeintes. Les vêtements, simples et exempts de détails minutieux, n'offrent qu'un petit nombre de plis naturellement formés. Le coloris est vrai, bien varié, doux et harmonieux au delà de toute expression. Le relief est parfaitement marqué.

La carnation puissante sous laquelle Masaccio se plaît à nous présenter l'homme et la femme, ne devrait-elle pas servir de modèle à tout homme qui dessine? A force de copier la grâce et le svelte, on en est arrivé à produire une nature mignarde et grêle, incapable de produire des hommes de génie et de travail. Dans ces corps sans ampleur que e pinceau moderne produit, la vie ne circule pas.

ÉCOLE ROMAINE.

PÉRUGIN (Pietro Vanucci de la Pieve ou Pietro-Vannucci, dit le)

Né à Caste, en 1446, mort en 1524.

37 — *Vénus tenant l'Amour mort sur ses genoux.*

Nous avons sans doute ici le portrait d'une mère qui vient de perdre son enfant (panneau italien).

Haut. 0 m. 87 c. Larg. 0 m. 68 c.

Jusqu'ici, Florence avait été l'Athénée de l'Italie; mais avec Sixte IV, tout change.

Pietro, né le sujet du pape, mais fait dessinateur et peintre à Florence, fut appelé à Rome pour en fonder l'école. Pietro en fut le Masaccio, il annonça Raphaël.

Par le travail que nous avons sous les yeux, on voit que le style de Pietro, élève de Bonfigli et de Pietro della Francesca, selon Mariotti, du Verroccio selon d'autres, est un peu cru et un peu sec; c'est au reste le cachet des maîtres de son temps. Il en est de même de la raideur des corps, résultat des études journalières sur les statues antiques. Il est également un peu mesquin dans sa manière de vêtir ses figures, tant paraît étroite la coupe de ses tuniques et de ses manteaux; mais il rachète ces défauts par l'agrément de ses têtes, la noblesse des mouvements et l'éclat de la couleur. Nul peintre avant lui n'avait tiré aussi bon parti du vert et de l'azur dans le fond, pour bien faire ressortir les figures. Le rosé, le verdâtre, le violet sont admirablement employés dans ses compositions, ce que l'on peut vérifier ici ; ses paysages sont si bien diminués par degrés, que *Vasari* a écrit : « Et dont on n'avait point encore vu de modèles à Florence. » Il faut ajouter que jamais on n'a été plus loin que Pietro, pour le modelé et la fermeté du pinceau. Ses corps tournent bien et l'air circule partout.

ÉCOLE FLORENTINE ET ROMAINE.

PIETRE DE CORTONE (Le chevalier Pictro Berrettino)

Né en 1596, mort en 1669.

38 — *La Fuite en Égypte.*

La Sainte-Famille est précédée par l'ange de l'Écriture ; mais ici elle est soutenue dans sa foi, par deux autres anges qui ferment la marche.

Haut. 0 m. 95 c. Larg. 1 m. 20 c.

Pietro Berettini de Cortone, élève de *Comodi* en Toscane, du *Ciarpi* à Rome, forma sa manière de dessiner en copiant les anciens bas-reliefs et les clairs-obscurs de *Polydore*. Il est loin du parfait dans les mains et dans les pieds ; mais l'art des contrastes, c'est à-dire l'opposition savante des groupes avec les groupes, des figures avec les figures, des détails avec les détails, annoncent un artiste supérieur.

On jugera au reste, par ce tableau, des défauts et des qualités du maître. Pietre de Cortone ne finissait d'ordinaire que ce qui était le plus apparent. Il évitait les ombres trop fortes, se plaisait aux demi-teintes, coloriait sans affectation, et doit être regardé comme le créateur et le modèle d'un style auquel Mengs a donné le nom de *facile* et d'élégant. Les deux anges qui ferment la marche sont admirables en ce genre ; nous devons également fixer l'attention de l'amateur sur le paysage.

ÉCOLE BOLONAISE.

PRIMATICE (Francesco Primaticcio) en Italie et en France.

Né à Bologne, vers 1490, mort en 1570.

39 — *Flore entourée d'Amours.*

Haut. 1 m. 68 c. Larg. 1 m. 28 c.

Francesco Primaticcio, instruit dans les principes du dessin par Innocenzio d'Imola, et, pour le coloris, par le Bagnacavallo, devint bientôt, sous la direction de Jules Romain, un peintre de grandes machines, et un compositeur habile pour les sujets riches et majestueux, digne enfin, de décorer les palais des rois.

Les peintures de ce maître sont de la plus grande rareté en Italie et à Bologne même. On conserve de ce peintre, dans la grande galerie Zambeccari, un concert de trois figures de femmes, dont l'aspect est d'un effet enchanteur.

Dans la toile que nous présentons ici, Flore a une grande ressemblance de carnation avec les trois femmes du tableau que nous venons de citer; la figure est admirable de fraîcheur et de relief; cette œuvre nous donne également une idée du grand savoir-faire du Primatice, lorsqu'il s'agissait de représenter des enfants. Les formes, les attitudes, la couleur, le goût facile et modéré des draperies, puis une certaine originalité dans l'ensemble, charment au premier coup-d'œil dans les peintures du Primatice en Italie. De petits paysages ménagés avec soin rendent également ses compositions aussi agréables que riches.

François 1er ayant prié Jules de lui envoyer un grand artiste, son choix se fixa de suite sur Primatice, habile ouvrier qu'il employait dans les ouvrages en bois et en stucs.

40 — *Cassandre reproche à Hélène la ruine de Troie* (panneau).

Haut. 0 m. 66 c. Larg. 0 m. 48 c.

Autre ciel, autre manière de voir la nature. En France, les chairs du Primatice perdent de leur chaleur, et son pinceau, en traçant des lignes plus arrêtées, fait quelquefois oublier le grand artiste de Bologne et de Mantoue. On peut juger par cette composition rapprochée de la précédente, bien que riche, bien que donnant une grande idée du savoir-faire de l'ouvrier, tout ce que la vue constante des chefs-d'œuvre et le commerce avec les grands hommes qui les ont créés, ont d'influence sur la conservation et le progrès de l'art chez l'individu.

Si le génie et le faire du Primatice se sont engourdis parmi nous, que ne lui devons-nous pas?

Bien que le Florentin *Rosso* (Le Roux) fut arrivé en France depuis un an, qu'il y eût exécuté de nombreux travaux, cependant les premiers stucs que l'on fit en France, et les premiers travaux à fresque de quelque importance, sont dus au Primatticcio. Vasari nous apprend « que Primatticcio orna lui seul, aidé seulement de ses élèves, un grand nombre de salles et d'appartements à Fontainebleau. Ce fut lui qui rassembla pour la cour de France beaucoup de marbres antiques et beaucoup de moules des meilleurs sculpteurs, dont il fit ensuite exécuter des copies en bronze.

Le Primatice et Niccolò (dell'Abate) ont doté la France d'une multitude de beaux ouvrages ; ils ont introduit parmi nous le goût romain et les beaux modèles de la peinture et de la sculpture antique. (Voir les écrits de Félibien).

ÉCOLE NAPOLITAINE.

SALVATOR ROSA

Né à Naples, en 1615, mort en 1673.

41 — *Une Marine.*

Haut. 0 m. 73 c. Larg. 1 m. 33. c.

Salvator Rosa passa de l'école de Francesco Francanziani, dans celle d'Aniello Falcone et de l'Espagnolet. Avec la peinture et la gravure à l'eau-forte, il cultiva les Muses et fit des satires. La poésie le porta à peindre principalement des batailles et des marines.

Ici, une tempête affreuse porte des vaisseaux à la côte dont l'un a le feu à bord et saute. Rien de plus vrai, de plus saisissant que cet éclairci qui permet de mesurer l'étendue de la nappe d'eau. Ces vagues en colère, cette flotte qui court à la côte et le mouvement des hommes qui sont à bord, donnent le vertige.

ÉCOLE VÉNITIENNE.

TITIEN (Vecellio)

Né à Codore, en 1477, mort en 1576.

42— *Vénus sur son lit de repos, entourée d'Amours.*

Haut. 1 m. 95 c. Larg. 2 m. 45 c.

Le Titien passa de l'école de Sébastiani Zuccati dans celle de Gio Bellini, et devint l'émule de Giorgion ; ce grand homme, du reste, a suivi la nature et en fut le plus grand confident. Son esprit était solide, calme, judicieux, porté au vrai plutôt qu'à la nouveauté et à l'originalité, qualités qui font les grands hommes.

Les peintures d'Alberto Durero, en s'éloignant, perdent de leur effet et diminuent de grandeur, lorsque celles du Titien, son concurrent à 17 ans (1), s'accroît et devient plus grandiose.

Le Titien s'éloigna de bonne heure des styles d'Albert et de Giorgion (2), pour se faire un style moins vaporeux, moins animé, moins grandiose, mais plus doux, qui charme non par la nouveauté de l'effet, mais par la représentation fidèle de la vérité. Le premier ouvrage que l'on connaisse du style particulier du Titien, il avait alors 30 ans, est dans la sacristie de San Marziali, et représente l'archange Raphaël avec Tobie à ses côtés. C'est plus tard, cependant,

---
(1) Il concourut, à cet âge, avec Alberto Durero, pour le Christ auquel un Pharisien montre de l'argent. Ce Christ est à Dresde.
(2) A cette époque, les ouvrages du Titien étaient difficiles à distinguer de ceux du Giorgion.

que fut faite l'analyse résumée de son style. On sait ce que Michel-Ange, si l'on en croit Vasari, dit du dessin des Vénitiens ; Mengs est du même avis. Le jugement du Tintoret, rival du Titien, est moins sévère. « Il fit, dit-il, plusieurs choses qu'il est impossible de mieux faire ; mais il en fit d'autres qui auraient pu être mieux dessinées. » — Zanetti place cependant Titien au premier rang, pour le dessin, entre tous les bons coloristes. Il représente Titien comme très-profond dans la science de l'anatomie, et copiste assidu de l'antique ; il avoue pourtant qu'il n'a pas toujours indiqué parfaitement les muscles et qu'il ne s'appliqua pas suffisamment à donner l'aspect du beau idéal à ses contours, soit qu'il n'en eût point appris à temps les principes, ou par un motif que lui seul eût pu expliquer. Quant à tout le reste, dit Zanetti, le caractère du Titien, dans les figures de femmes et d'enfants, fut toujours d'une parfaite élégance ; et les formes qu'il donne aux hommes sont généralement grandes, savantes et majestueuses. Zanetti cite des exemples, par rapport aux nus, où il a fait ressortir la correction du dessin, jusque dans les pieds et dans les mains. c'est à nous maintenant à donner une nouvelle force, par la toile que nous possédons, aux assertions de l'habile critique.

Le pied de Vénus qui porte sur le coussin, est d'un dessin admirable, et la jambe s'attache au genou et à la cheville avec cette connaissance anatomique qui défie la critique ; il en est de même des autres parties de la femme, qui rivalisent avec tout ce que le Titien a fait de plus beau, de plus parfait en ce genre. Les Amours, au nombre de neuf, qui, dans diverses positions, ornent ce tableau, défient le faire des autres maîtres pour le modelé, pour le naturel et pour la couleur. Nous n'avons jamais vu d'Amours aussi bien voler, ni d'enfants jouer aussi naturellement. Tous les personnages se détachent si bien, que la toile disparaît après quelques minutes d'attention. Ce qui augmente le mérite de cette composition, c'est la grande connaissance de perspective que le Titien s'est plu à déployer ici ; le petit ciel, le petit bout d'arbre à gauche, selon son habitude, servent à agrandir la scène. Son entendement dans les groupes peut s'étudier sur ce tableau. — Quelle couleur ! le soir surtout.

On conçoit que Zanetti ait employé plusieurs années à étudier le clair-obscur et le coloris de ce grand artiste. Le Titien reconnaît (et Giorgione lui en avait peut-être donné l'exemple) que le rouge rapproche les objets, que le jaune retient les rayons de la lumière, que l'azur fait ombre et convient aux reflets obscurs. Titien place aussi les tons prononcés en avant, afin de ne pas blesser l'œil à l'égard de l'harmonie dans la lumière dont le foyer vient presque toujours du fond du tableau ; toutes ces connaissances, tout cet art, sont accusés dans l'exécution de la *Vénus placée sur un lit de repos*. Que d'esprit ! que d'indiscrétion dans la couleur de la rose qu'un des amours tient et semble avoir ravie à Vénus.

ANTIQUE

Camée grec, Calcédoine à deux couches.

L'Amour endormi dans un char traîné par deux lions.

Ce camée est enchâssé dans une boîte d'or, ouvrant dessus et dessous.

Quelle perfection de faire et de sentir dans cet amour aux formes juvéniles endormi ! Quelle belle tête, quelle entente des formes et que le bras gauche tombe bien ! — On sait que les extrémités un peu pointues indiquent le travail grec de la belle époque, enfin l'antique, particularité qui se rencontre dans ce camée.

5674   Imprimerie Maulde et Renou, rue de Rivoli, 144.